CATALOGUE

DU

MOBILIER

XVIe, XVIIe ET XVIIIe SIÈCLES

DES

Objets d'Art et de Curiosité

TABLEAUX ANCIENS ET MODERNES

Tapisseries, Tentures, Tapis

GARNISSANT

Les Vestibules, Escaliers, Galeries, Hall, Atelier, Salle à manger
Chambres à coucher

DE L'HOTEL DE M. ALBERT MILLAUD

13, rue Nouvelle, 13

OÙ LA VENTE AURA LIEU

Les Lundi 25, Mardi 26, Mercredi 27 et Jeudi 28 Novembre 1889

A DEUX HEURES

Par le Ministère de **Me ESCRIBE,** commissaire-priseur
6, rue de Hanovre, 6

Assisté

POUR LES TABLEAUX	POUR LE MOBILIER ET LES OBJETS D'ART
De M. **BERNHEIM** jeune	De M. A. **BLOCHE**
EXPERT	EXPERT
8, rue Laffitte, 8	25, rue de Châteaudun, 25

Chez lesquels on trouve le présent Catalogue

EXPOSITIONS

PARTICULIÈRE	PUBLIQUE
Le Samedi 23 Novembre 1889	**Le Dimanche 24 Novembre 1889**
De 1 heure 1/2 à 5 heures 1/2	*De 1 heure à 5 heures*

Nota : L'Hôtel est à vendre

Les permis de visiter se délivrent chez Me Escribe, MM. Bernheim et Bloche

CONDITIONS DE LA VENTE

Elle sera faite *expressément* au comptant.

Les Acquéreurs payeront CINQ POUR CENT en sus des adjudications, applicables aux frais de la vente.

L'Exposition mettant les acquéreurs à même de se rendre compte de l'état et de la nature des objets, il ne sera admis aucune réclamation une fois l'adjudication prononcée

Paris. — Imp. de l'Art. E. MENARD et Cie, 41, rue de la Victoire.

25 Novembre 89.

V

VENTE ALBERT MILLAUD

EN SON HOTEL

13, rue Nouvelle, 13

Les Lundi 25, Mardi 26, Mercredi 27 et Jeudi 28 Novembre 1889

A DEUX HEURES

IMPORTANT MOBILIER

XVIe, XVIIe ET XVIIIe SIÈCLES

TABLEAUX

Objets d'Art et de Curiosité

Tapisseries — Tentures

COMMISSAIRE-PRISEUR : Me **ESCRIBE**, 6, rue de Hanovre, 6

EXPERTS

M. **BERNHEIM** jeune
8, rue Laffitte, 8

M. A. **BLOCHE**
25, rue de Châteaudun, 25

EXPOSITIONS

PARTICULIÈRE
Le Samedi 23 Novembre 1889
DE 1 HEURE 1/2 A 5 HEURES 1/2

PUBLIQUE
Le Dimanche 24 Novembre 1889
DE 1 HEURE A 5 HEURES

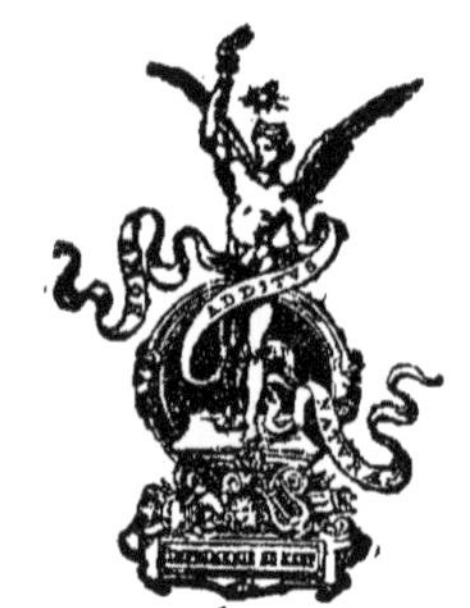

DÉSIGNATION DES OBJETS

VESTIBULE

TAPISSERIES, TAPIS, TENTURES

1 — Grande et belle tapisserie flamande du XVIe siècle, animée de nombreux et petits personnages en costume de l'époque et représentant une *Chasse à l'épieu.*

Haut., 2 m. 10 cent.; larg., 3 m. 70 cent.

2 — Beau panneau de tapisserie : *l'Education d'Achille par le centaure Chiron.* XVIIe siècle.

Haut., 2 m. 41 cent., larg., 2 m. 5 cent.

3-4 — Deux panneaux de tapisserie verdure animée d'oiseaux. Époque du commencement de la Renaissance. Bordure en bas.

Haut., 1 m. 77 cent., larg., 1 m. 8 cent.
Haut., 1 m. 77 cent.; larg., 84 cent.

5-6 — Deux panneaux de tapisserie Renaissance, à nombreux personnages : Sujets de guerre et de triomphe.

Haut., 2 m. 12 cent.; larg., 1 m. 12 cent.

7 — Beau panneau de fine tapisserie verdure animée d'oiseaux. Époque de la Renaissance.

Haut., 2 m. 12 cent.; larg., 1 m. 20 cent.

8-9 — Deux panneaux de tapisserie de l'époque de la fin de la Renaissance, à personnages.

Haut., 1 m. 42 cent.; larg., 58 cent.
Haut., 1 m. 42 cent.; larg., 48 cent.

10 — Panneau de tapisserie représentant *Hippolyte terrassant le monstre.*

Haut., 1 m. 15 cent.; larg., 3 mètres.

11 — Deux fragments de tapisserie représentant des perroquets et découpés pour l'application.

12 — Grande portière de velours rouge ancien frappé, avec embrasse.

Haut., 4 mètres; larg., 2 m. 35 cent.

13 — Tapis de table ancien, en maroquin brodé de soies multicolores, entouré d'une frange ancienne de soie verte, avec glands analogues aux quatre coins.

Long., 2 mètres ; larg., 1 m. 30 cent.

MEUBLES

14 — Banc d'œuvre à trois places, en noyer sculpté, style gothique fleuronné. Les places sont séparées par des rinceaux et des colonnettes. Une des miséricordes est

ornée de feuilles d'acanthe, deux autres de têtes de bélier.

15 — Grand banc d'œuvre divisé en dix stalles en chêne sculpté, supporté par une marche. Époque Louis XIII. Sièges s'ouvrant et formant réserves.

16 — Grand fauteuil ancien en noyer sculpté, à pieds et bras tors, avec dossier se rabattant pour former table.

17 — Jolie table en noyer sculpté, dans le style de la fin de la Renaissance, à double piètement formé de colonnes et de colonnettes et rejoint par une traverse garnie également de trois colonnettes.

18 — Petite caqueteuse ancienne en noyer sculpté, affectant une forme presque triangulaire. XVIe siècle.

19 — Grand porte-manteaux formé de deux montants sur pieds et réunis par des traverses, en vieille laque japonaise fond noir, décor en or à feuillages et oiseaux.

20 — Grand coffre en chêne sculpté ; la façade formée de trois panneaux de chêne sculpté gothique, dans des encadrements ornés. Celui du milieu représentant *la Présentation au temple;* celui de gauche, la figure allégorique de *l'Architecture;* celui de droite, celle de *la Justice.*

21 — Cabinet ancien en bois de noyer, de l'époque Louis XIII. s'ouvrant à battant avec ses ferrures ; sept tiroirs intérieurs dont deux isolés dans une réserve, à porte sculptée avec statuette.

22 — Deux chandeliers d'église anciens en bois sculpté, à pieds de forme triangulaire, ornés de cartouches et de nombreuses têtes de chérubins. XVIIe siècle.

STATUES

23 — Deux magnifiques statues d'appliques porte-lumières en noyer sculpté : Figures de femmes à demi drapées et se terminant en gaines ornées d'acanthes et d'enroulements. D'une main elles soutiennent une torche en fer forgé à trois lumières, décorée de feuillages et de volutes.

Haut., 2 m. 90 cent.

24 — Grande et belle statue en chêne sculpté, grandeur nature : *la Vierge* drapée et voilée. Sur socle en chêne.

Hauteur de la statue, 1 m. 75 cent.
Hauteur du socle, 50 cent.

25 — Statue analogue en chêne sculpté, formant pendant : *Saint Jean l'Évangéliste*, portant à son visage un pan de sa robe drapée.

Ces deux statues, d'une très belle expression, paraissent avoir fait partie d'un calvaire. XVIIe siècle.

Hauteur de la statue, 1 m. 80 cent.
Hauteur du socle, 50 cent.

26 — Statuette d'évêque en chêne sculpté. Vêtu d'habits sacerdotaux, la tête coiffée d'une mitre, il tient de la main droite un missel ; à ses pieds, un oiseau.

Haut., 80 cent.

27 — Statue d'anachorète en chêne sculpté, d'époque gothique. Chauve et portant une longue barbe, les bras et les jambes nus, vêtu de peaux de chevreaux, le saint personnage tient dans la main gauche un cochon de lait auquel il donne à manger de la main droite.

Haut., 1 m. 44 cent.

28 — Grande et belle statuette en chêne sculpté, représentant un jeune Père de l'Église. Le visage imberbe et les cheveux longs, il porte une robe longue et plissée : les mains sont croisées ; le bras droit soutient un livre de prières. XVIe siècle.

Haut., 1 m. 7 cent.

29 — Grande statuette en bois sculpté, représentant un Docteur de l'Église. Imberbe et les cheveux longs, il a la tête coiffée d'un bonnet ; vêtu d'une robe drapée, il soutient de la main gauche un missel et tient la main droite ouverte ; à ses pieds, un monstre. XVIe siècle.

Haut., 1 m. 3 cent.

30 — Grande statuette en bois sculpté, formant pendant à la précédente et représentant une Reine vêtue de long et les épaules couvertes d'un manteau. Fin du XVIe siècle.

Haut., 1 m. 8 cent.

31-32 — Deux beaux supports en bois sculpté peint en noir, très découpé, avec guirlandes et volutes, cartouches, consoles et bustes de chérubins. Fin du XVIe siècle.

Haut., 1 m. 68 cent.

33 — Statuette d'évêque. Bas-relief d'applique en noyer

sculpté. Vêtu d'habits sacerdotaux, coiffé de la mitre, il tient de la main droite un missel.

Haut., 78 cent.

34 — Autre statuette d'évêque. Bas-relief d'applique en noyer sculpté. Vêtu comme le précédent, il porte de la main gauche un cierge.

Haut., 83 cent.

ARMURES ET ARMES

35 — Armure complète de yakunin japonais avec masque, armet de laque avec cornes, calotte de fer et ornements de bronze portant comme *mon* trois feuilles, masque de fer, vêtement de soie havane mouchetée de marguerites bleues, blanches et vertes. Hausse-col de papier doré, laques et lacets multicolores. Armure de laque, épaulières de même reproduisant le même *mon*. Masque et jambières de fer forgé. Gantelets de même avec brassards en fer découpé et cotte de mailles. Le mannequin est armé de deux sabres japonais à fourreaux de laque et poignée de peau de requin, et d'une lance couverte de son enveloppe de paix en crin noir formant brosse.

36-37 — Deux armures décoratives en fer estampé, dans le style du XVIe siècle, à décor d'oiseaux, monstres et personnages chimériques, formant pendants. Sur socles de bois.

38 — Demi-pique harpon en fer forgé, le manche orné d'armatures de cuivre, de clous et de médailles de bronze. XVIe siècle.

FERS

39 — Coffre ancien en fer consolidé de bandes de fer ; caisson intérieur. Serrure intérieure à huit loquets occupant le couvercle et ornée de feuillages de fer forgé. Bel ouvrage de serrurerie du XVIe siècle, avec clef ouvragée. Posé sur un piètement de fer tordu dans le style du meuble, et fermé par une barre du même style avec fleurs de lis centrale.

40 — Porte vitrée à deux battants en fer forgé ; la base en fer plein est décorée d'une rosace en fer forgé, et la partie supérieure vitrée d'une série de délicats enroulements de feuillages en fer forgé. Style du XVIe siècle.

Hauteur de chaque battant, 2 m. 84 cent.
Largeur de chaque battant, 68 cent.

41 — Porte semblable à l'entrée de la cuisine.

42 — Porte vitrée à deux battants, d'un décor analogue à celui des deux portes précédentes, mais couronnée d'une imposte cintrée également décorée de volutes de fer forgé. Style du XVIe siècle.

Hauteur de l'imposte, 75 cent.
Largeur de l'imposte, 1 m. 52 cent.
Hauteur de chaque battant, 2 m. 45 cent.
Largeur de chaque battant, 74 cent.

43 — Grande grille de chœur en fer forgé, composée de six battants, se mouvant à charnières, décorés de délicats enroulements de feuillages et se terminant à leur partie

supérieure par une sorte de pointe de hallebarde fleurdelisée en relief de feuillage de fer forgé. Style du XVIe siècle.

Hauteur de chaque battant, 2 m. 40 cent.
Largeur de chaque battant, 68 cent.
Largeur de la grille, 4 m. 4 cent.

44 — Deux lanternes en fer forgé, disposées pour l'éclairage au gaz, de forme hexagone et composées de grillages avec colonnettes torses détachées, tige torse et cul-de-lampe décorés de feuillages de fer forgé. Style du XVIe siècle.

Hauteur, avec tige, 1 m. 70 cent.

45 — Jolie petite cloche d'appel encadrée dans un motif d'ornement de branches de rosiers fleuries. Serrurerie fine.

46 — Grand aigle ancien d'église en fer forgé ; la tête tournée vers la gauche, les ailes ouvertes, l'oiseau tient en ses serres un foudre. XVIe siècle.

47 — Jardinière en fer repoussé, décor de rinceaux de feuillage avec tête d'homme barbu et deux dauphins.

OBJETS DIVERS

48 — Gong chinois avec son support de bambou.

49 — Petite fontaine ancienne d'applique, en étain à pans coupés, avec couvercle surmonté de deux petites figurines de lions et mufle de lion formant robinet, bassin pentagonal soutenu par deux branches d'étain.

50 — Petite fontaine analogue avec figurine de sirène sur le couvercle.

ESCALIER

51 — Magnifique retable en bois sculpté offrant en haut-relief, peints et rehaussés de dorures : un Évêque à cheval conduisant des guerriers armés de lances, de hallebardes, d'épées et marchant avec étendards déployés. XVIe siècle. Dans un encadrement en bois à moulures.

52 — Deux grandes colonnes monumentales en bois sculpté à cannelures, surmontées de chapiteaux à feuilles d'acanthe finement fouillées. Époque Louis XIII.

53 — Deux grandes statues de saints en bois sculpté, représentés debout tenant les livres de l'Évangile à la main, en costumes amplement drapés. XVIIe siècle.

54 — Remarquable maitre-autel d'aspect architectural en bois sculpté et doré, offrant dans des niches des figures du Christ, de la Vierge et des saints, rehaussées de peintures ainsi que les cariatides et statuettes de chérubins ornant le monument. Fin du XVIe siècle.

55 — Groupe en bois sculpté et doré : Apôtre portant sur le bras gauche la Vierge et l'Enfant, et présentant de la main droite un ostensoir et une gourde. XVIIe siècle.

56 — Quatre grandes statuettes d'applique en bois sculpté : Saints et saintes en contemplation. XVIe siècle.

57 — Grande stalle en bois sculpté, dessin à ogives fleuronnées avec fronton architectural, orné d'animaux symboliques tenant des blasons. Style gothique.

58 — Grande stalle en bois sculpté, dessin à draperies avec fronton à jour. Style gothique.

59 — Armure complète de chevalier en fer, dessin à cannelures et clouté, tenant une épée à deux mains. Style XVIe siècle.

60 — Armure complète en fer uni clouté de cuivre, tenant une hallebarde. Style XVIe siècle.

61 — Deux appliques à une lumière en fer forgé, modèle à rinceaux feuillagés, style XVIe siècle. Système à gaz.

62 — Trois coussins en velours et étoffe de fantaisie.

63 — Trois figures d'applique en bois sculpté, représentant des Évêques debout. XVIe siècle.

64-65 — Deux belles statuettes en bois sculpté, représentant *la Vierge* et *saint Jean* debout dans des costumes amplement drapés. XVIe siècle.

66 — Deux consoles-supports en bois sculpté, forme d'entrées de château fort, avec ponts-levis abaissés.

67-68 — Quatre miroirs avec cadres à frontons finement sculptés à jour et rehaussés d'or, dessin à rocailles, gerbes et guirlandes de fleurs. Époque Louis XIV.

69 — Très beau lustre à douze lumières en fer forgé, modèle à rinceaux et arabesques de fleurs, style XVIe siècle. Système à gaz.

70 — Deux statuettes de saint et de sainte en bois sculpté. XVIe siècle.

71 — Grande et belle tapisserie de Bruxelles représentant une scène allégorique : Composition de nombreuses figures dans un intérieur de palais, avec large bordure représentant en haut un cartouche avec inscription, des guirlandes de fleurs et de fruits; comme montants, des couronnes, des bouquets et des jetées de fleurs retenus par des nœuds de rubans, et, dans le bas, des grandes guirlandes de fleurs, de fruits et de feuillages. XVIIe siècle.

72 — Quatre panneaux en tapisserie de Bruxelles représentant des trophées d'étendards, des emblèmes de royauté de France, d'Angleterre, de Belgique et de Hollande. XVIIe siècle.

Le haut de ces panneaux, ainsi que le bas, sont garnis de peluche rouge et ornés d'applications d'ancienne tapisserie à vases et guirlandes de fleurs et de fruits.

73 — Tenture de balustrade, formée par un panneau en ancienne tapisserie tissée d'or, représentant *la Vierge au tombeau gardée par les saints*, encadrée d'ancien velours rouge avec franges.

74 — Tenture de balustrade en ancienne tapisserie tissée d'or, représentant une assistance de six personnages sur fond de velours rouge avec franges.

75 — Tapis de pied en moquette à fond rouge, ton sur ton, garnissant le grand escalier, le palier du premier étage et les paliers intermédiaires. Environ 39 mètres de superficie.

PREMIER ÉTAGE

PALIER, ANTICHAMBRE

76 — Tenture flottante formant décoration de baie, en tapisserie de Bruxelles représentant une scène de l'histoire ancienne à nombreux personnages, XVIIe siècle, doublée en brocart vieil or dans le style de l'époque.

77 — Portière en ancienne tapisserie de Bruxelles à personnages, encadrée et doublée de panne rouge avec embrasses à gros glands.

78 — Deux torchères d'autel en bois sculpté ornées de têtes de chérubins et d'écussons époque Louis XIII, sur supports triangulaires recouverts de panne rouge, garnis de franges et cloutés de fleurs de lis en cuivre.

79 — Deux miroirs semblables à ceux de l'escalier.

80 — Deux portières en ancienne tapisserie à personnages, bordées de franges avec rallonge en panne rouge et doublure en sergé, relevées par des cordelières à gros glands et attachées à des patères en fer forgé.

81 — Six panneaux de tenture murale en ancienne tapisserie à personnages et verdures.

82 — Grande glace biseautée avec cadre en bois noir à fronton, fond de glace avec ornements et moulures en cuivre repoussé. Style Louis XIII.

83 — Lanterne hexagonale en fer forgé, modèle à rinceaux accouplés avec cul-de-lampe feuillagé, style XVIe siècle ; système à gaz.

84 — Meuble bahut s'ouvrant à quatre portes, en marqueterie de racines de bois, dessin architectural, surmonté d'un corps s'ouvrant à quatre tiroirs, formant étagère.

85 — Garniture de cinq pièces : trois vases avec couvercles et deux cornets en porcelaine de Chine, décor à fleurs, feuillages et oiseaux en bleu sur blanc.

86 — Groupe en ancienne faïence d'Urbino représentant *le Temps*.

87 — Groupe en ancienne faïence d'Urbino représentant *Orphée* et formant fontaine.

88 — Groupe de deux figures en ancienne faïence d'Urbino.

89 — Statuette de musicienne en ancienne faïence d'Urbino.

90 — Aiguière de Nevers, décor à rocailles en polychrome.

91 — Salière en faïence d'Urbino ornée de têtes d'anges.

92 — Petit berceau en faïence italienne.

93 — Grand plat rond en faïence italienne, décor à sujets au centre, bordure fond bleu à ornements.

94 — Plat rond en faïence italienne, décor : Scène historique, bordure fond bleu à rubans.

95 — Plat rond en faïence italienne, décor : Scène de combat, bordure fond jaune à attributs guerriers.

96 — Petit groupe en faïence d'Urbino, forme monument, avec armoiries et s'ouvrant à tiroirs.

97 — Groupe en faïence, formant écritoire, représentant un singe debout près d'un arbre.

98 — Petit plat en faïence de Castelli, offrant au centre un buste de femme, au marli et sur le bord des arabesques de feuillages. XVIIe siècle.

99 — Deux plaques avec cadres à frontons rocailles et armoriés, en faïence d'Höchst, représentant des scènes d'intérieur, de style Louis XV.

100 — Vase avec couvercle en faïence italienne, forme côtelée, décor paysage.

101 — Groupe en faïence japonaise, représentant un oiseau perché sur un arbre.

102 — Groupe de deux figures de Saxe : Amours aiguisant leurs traits.

103 — Vase en gris craquelé de Chine, décoré de cachets de mandarins en bleu.

104 — Deux éventails en ivoire peint, à sujets champêtres et à paysages.

105 — Deux boites en cuivre gravé.

106 — Deux gaines à couverts.

107 — Échiquier en laque de Chine fond noir, à rehauts d'or, avec pions en ivoire blanc et rouge, à personnages et sujets chinois.

108 — Statuette de femme en terre vernissée d'Avignon.

109 — Plat en faïence italienne, décor à personnages.

110 — Fontaine et bassin en faïence de Rouen, décor polychrome.

111 — Portière en tapisserie à armoiries, encadrée de panne rouge.

112 — Deux bandeaux en ancienne broderie de la Renaissance, dessin à arabesques d'ornements.

113 — Horloge hollandaise en marqueterie de bois; mouvement à cadran multiple signé *Paulus Bramer d'Amsterdam*. Époque XVIIIe siècle.

114 — Portière en brocatelle vieil or.

115 — Stalle en bois sculpté, fronton à jour. XVIe siècle.

116 — Deux tabourets carrés couverts en drap et en ancienne broderie d'or et d'argent d'Orient.

117 — Petit canapé en bois de noyer, couvert en tapisserie au point et au petit point, garni de franges. Style Louis XIII.

2

GALERIE

118 — Très belle porte en fer forgé, dessin à arabesques de feuillages lobées. XVIe siècle.

119 — Petit bureau bonheur du jour en marqueterie de bois, dessin fleurdelisé, poignées en cuivre, dessus en marbre fleur de pêcher. Époque Louis XVI.

120-121 — Deux petites commodes en marqueterie de bois, dessus en marbre brèche d'Alep. Époque Louis XV.

122 — Deux bustes-reliquaires en bois sculpté et doré : *Saint Jean* et *Marie Salomé*. Époque Louis XIV.

123 — Meuble-vitrine à deux corps, en noyer, avec tablettes en glaces dans le haut et fond de glace.

124 — Deux fauteuils en noyer, couverts en tapisserie au point, dessin à fleurs. Époque Louis XIV.

125 — Vitrine plate avec cage en fer noirci, intérieur garni de velours rouge.

126 — Deux vitrines d'applique en bois noirci.

127 — Collection de costumes anciens en brocart et broderie. (Sera divisé.)

128 — Petit bureau en marqueterie de bois. Époque Louis XIII.

129 — Vitrine longue à hauteur d'appui, montée en fer noirci.

130 — Petit canapé en peluche rouge brodé à fleurs, avec rosace en peluche vieil or.

131 — Fauteuil carré en bois de noyer, couvert en cuir de Cordoue rehaussé d'or. Époque Louis XIII.

132 — Glace d'entredeux biseautée avec cadre à fronton en bois sculpté et doré. Époque Louis XVI.

133 — Deux lampadaires-candélabres en fer forgé. Louis XIII.

134 — Lyre en fer Louis XIII.

135 — Gourde en verre de Venise agatisée, monture argent. Louis XIV.

136 — Petit reliquaire forme tourelle argentée. XVIIe siècle.

137 — Aiguière en argent repoussé, dessin raphaélesque, anse à buste de femme casquée. XVIIe siècle.

138 — Coffret en porcelaine de Naples, décor à sujet mythologique.

139 — Trois boites en cuivre gravé à figures et à sujets.

140 — Coffret plaqué d'écaille, avec peinture en grisaille représentant le char de Vénus. Époque Louis XVI.

141 — Deux brûle-parfums genre Rouen, décor polychrome.

142 — Vase en jade finement évidé et gravé, avec anses à anneaux mobiles. Travail chinois.

143 — Petite chimère de Chine, décor polychrome.

144 — Buste de nain japonais, décor polychrome.

145 — Vase de Deruta, forme pin, décor à reflets métalliques.

146 — Coupe avec couvercle en bronze, surmontée d'un oiseau.

147 — Petite théière en terre de Boccaro, forme poule.

148 — Bas-relief en cuivre, cadre en bois sculpté et doré.

149 — Coupe en faïence de Deruta, décor à rosaces à reflets métalliques, imbriquée de bleu. XVIe siècle.

150 — Coupe sur piédouche de Deruta; décor extérieur à figures et trophées; intérieur, saint et enfant, à reflets métalliques et bleus. XVIe siècle.

151 — Coupe en faïence d'Urbino représentant : *Joseph et Mme Putiphar.* XVIe siècle.

152 — Assiette de Castelli représentant le Christ saisi par deux guerriers; bordure à figures de chérubins. XVIIIe siècle.

153 — Petit plat creux au centre, avec larges bords plats, décor à reflets métalliques dits couronnes, offrant au milieu l'inscription : MIDEIA·B. XVIe siècle.

154 — Petite assiette de Deruta, décor mordoré dit couronne. XVIe siècle.

155 — Deux théières forme poisson en porcelaine rosée.

156 — Quatre plats hispano-arabes, décor à reflets métalliques.

157 — Quatre plats italiens, décor à figures.

158 — Deux plats de Delft, décor polychrome.

159 — Vingt assiettes en faïence de Marseille et de Strasbourg, décors variés.

160 — Plateau à anses en faïence de Nevers, décor dans le goût italien à ornements et fleurs.

161 — Plat de Moustiers, décor : volatiles et insectes.

162 — Trois petites assiettes hispano-arabes mordorées.

163 — Trois plaques en faïence de Perse, décor en relief.

164 — Trois pistolets anciens.

165 — Émail de Limoges : Sainte Madeleine. Époque Louis XIII.

166 — Poignard avec poignée et fourreau en ivoire sculpté, à figures et fleurs de lis.

167 — Deux salières en argent, à écussons et guirlandes Louis XVI.

168 — Bonbonnière en vernis de Brunswick, représentant deux vieillards regardant une jeune fille endormie.

169 — Tabatière en argent niellé.

170 — Bonbonnière en cuivre guilloché et doré. Louis XVI.

171 à 200 — Miniatures, boîtes, couteaux et autres objets divers de vitrine. (Sera divisé.)

201 — Bénitier en émail de Limoges : l'Assomption. Louis XIII.

TABLEAUX ANCIENS

CRANACH

(Attribué à Lucas)

202 — *Scènes des premiers âges.*

Haut., 50 cent.; larg., 34 cent.

FRANCIA

(Attribué à)

203 — *La Vierge allaitant l'Enfant Jésus.*

Haut., 47 cent.; larg., 31 cent.

KAYSER

204-205 — *Portraits de gentilhomme et de grande dame en costume noir à collerette.*

Deux pendants.

Haut., 28 cent.; larg., 23 cent.

NEEFS

(PIETER)

206 — *Intérieur d'église, avec personnages.*

Haut., 31 cent.; larg., 42 cent.

PORBUS

(École de)

207 — *Portrait présumé de Marguerite de Valois.*

Haut., 31 cent.; larg., 23 cent.

ÉCOLE FLAMANDE

208 — *La Danse au village.*

Haut., 57 cent.; larg., 72 cent.

ÉCOLE FLORENTINE

209 — *La Vierge et l'Enfant Jésus.*

Peinture sur fond d'or.

Provient d'un triptyque; cadre ogival.

ÉCOLE HONGROISE

210 — *Portrait de grande dame en robe noire, avec fraise à dentelles et parée de joyaux.*

Haut., 70 cent.; larg., 55 cent.

ÉCOLE ITALIENNE

211 — *La Vierge entourée et assistée des apôtres.*

Composition de nombreuses figures.

Ancien devant de coffre dit *Cassone*.

Haut., 26 cent.; larg., 1 m. 9 cent.

ÉCOLE DE PESSARO

212 — *Diana de Venise.*

Haut., 40 cent.; larg., 31 cent.

TABLEAUX MODERNES

BATTUE

(P.)

213 — *Au bord de l'eau.*

Haut., 54 cent.; larg., 35 cent.

BOSNARD

(A.)

214 — *L'Évasion.*

Haut., 1 m. 35 cent.; larg., 57 cent.

BOICHARD

215 — *Jeune Femme.*

Haut., 31 cent.; larg., 22 cent.

BOICHARD

216 — *Rêverie.*

Haut., 45 cent.; larg., 37 cent.

BROWN

(JOHN LEWIS)

217 — *Cavaliers au bord de la mer.*

Haut., 25 cent.; larg., 20 cent.

CAILLE

LÉON

218 — *La Jeune Mère.*

Haut., 9 cent.; larg., 6 cent.

CARRIER-BELLEUSE

(LOUIS)

219 — *Poêle, Cocote et Œufs.*

Haut., 30 cent.; larg., 45 cent.

CASTIGLIONE

220 — *Taquinerie.*

Haut., 50 cent.; larg., 35 cent.

DREUX

(A. DE)

221 — *La Chasse.*

Au premier plan, deux chasseurs à cheval, précédés de leurs chiens, sont lancés au galop sur une route que bordent des montagnes. On aperçoit dans le fond d'autres cavaliers qui les suivent.

Haut., 43 cent.; larg., 32 cent.

DELACROIX

(EUG.)

222 — *Orientale.*

Haut., 17 cent.; larg., 14 cent.

(Vente Paton.)

ÉCOLE ITALIENNE

223 — *Gloria in excelsis.*

Sur fond or.

Forme ronde.

FERNANDEZ

224 — *Soldat allumant sa cigarette.*

Haut., 12 cent : larg., 8 cent.

FICHEL

225 — *Le Joueur de guitare.*

Haut , 22 cent.: larg., 15 cent.

GALOFRE

226 — *Pêcheurs et Pêcheuses au repos dans le golfe de Naples.*

Haut , 12 cent.: larg , 23 cent.

GRANDJEAN

227 — *La Haute École.*

Haut., 39 cent.: larg., 30 cent.

JUNDT

G.

228 — *Le Lac.*

Haut., 51 cent.: larg., 36 cent.

KNYFF

229 — *Vaches au pâturage sur la lisière d'un bois.*

Haut , 15 cent.: larg., 22 cent.

LESSI

(J.)

230 — *Sur le boulevard.*

Haut., 18 cent.; larg., 12 cent.

LESSI

(J.)

231 — *Marchand d'habits.*

Haut., 32 cent.; larg., 23 cent.

LIPHART

(E. DE)

232 — *Marguerite.*

Haut., 34 cent.; larg., 25 cent.

MELIN

233 — *Diane.*

Haut., 25 cent.; larg., 36 cent.

MIRALLES

(E.)

234 — *Un Clown.*

Haut., 31 cent.; larg., 22 cent.

PINCHART

235 — *Pierrette.*

Haut., 45 cent ; larg., 32 cent.

RIBOT

(T

236 — *Une Paysanne normande.*

Vue de trois quarts, une paysanne, dont le visage brun hâlé contraste avec la cornette d'un blanc éclatant ; sur le corsage, d'un bleu foncé, pendent, à droite, des rubans verts.

La figure est de grandeur naturelle.

Haut., 46 cent : larg., 38 cent.

AQUARELLES

QUASELLI

237 — *Jeune Femme.*

QUASELLI

238 — *Rêverie.*

QUASELLI

239 — *Une Merveilleuse.*

MINIATURES

240 — Miniature ovale : Portrait de jeune femme en robe violette, coiffure haute à coques. Signé : Isabey, 1827.

241 — Miniature représentant Sainte Cécile à l'orgue.

242 — Miniature représentant Prager pinçant de la harpe et chantant les saints psaumes.

243 — Dessin rehaussé de couleur : Portrait de Charles IX.

244 à 247 — Quatre miniatures : Portraits d'hommes et de femmes.

HALL

248 — Très intéressante décoration de murs et de portes, composée de vingt-six panneaux, école gothique, à fond d'or, représentant des scènes du Nouveau Testament, avec personnages en riches costumes tenant des banderoles à inscription.

249 — Deux paires de très grands rideaux en étoffe de laine rouge, avec dessins aux armes de Diane de Poitiers, tissés en jaune, garnis de franges et de galons, relevés par des embrasses à grosses cordelières assorties.

250 — Belle chaise longue en deux parties, bois sculpté, recouverte en tapisserie au point, dessin à grands ramages. Époque Louis XIV.

251 — Petit canapé couvert en ancien tapis d'Orient.

252 — Quatre fauteuils couverts en ancien tapis d'Orient.

253 — Neuf coussins en tapisserie, en brocatelle et en satin.

254 — Très beau bureau en bois noir, richement garni de bronzes polis, chutes à têtes d'hommes, mascarons à têtes de satyres; dessus en ancien brocart d'argent. Style Louis XIV.

255 — Deux petites vitrines s'ouvrant à deux portes et dessus à dos d'âne, en bois sculpté, intérieur gainé de velours rouge. Style Louis XIV.

256 — Vitrine de milieu à quatre faces, cage en fer noirci, tablettes en glaces.

257 — Deux tabourets carrés en bois sculpté, couverts en broderie et brocart ancien.

258 — Paire de portières en ancienne tapisserie, à personnages. XVIe siècle.

259 — Deux figures d'applique en bois sculpté, école allemande. XVIIe siècle.

260 — Trois colonnes monumentales en chêne et cannelées, surmontées de chapiteaux. XVIIe siècle.

261 — Meuble d'encoignure à deux corps, formant vitrine dans le haut, avec colonnes détachées surmontées de chapiteaux. Style XVIe siècle.

262 — Grand vase du Japon, décor polychrome, à médaillons, oiseaux et fleurs.

263 — Colonne en marbre noir, avec support en marbre blanc.

264 — Coupe en marbre portée par une figurine d'enfant, en bronze doré.

265 — Grand brûle-parfums de Satzuma, décor représentant des scènes de combat, anses à dragons, couronné par une chimère.

266 — Meuble à deux corps en marqueterie, s'ouvrant à deux portes dans le bas et formant vitrine dans le haut.

267 — Petite toilette en marqueterie de bois, avec encadrement de glaces et ornements en bronze doré. Style Louis XV.

268 — Reliquaire en bois sculpté et doré. XVIe siècle.

269 — Paravent à trois feuilles, fond de velours rouge, orné de broderies gothiques à figures de saints en or, argent et soie; encadrement à galons jaunes.

270 — Brasero en bois de noyer, couvert d'appliques de cuivre, avec bassin en cuivre. XVIe siècle.

271 — Petit meuble dit contador, formant cabinet, tout en marqueterie de bois et d'ivoire garni de cuivre.

272 — Toilette et porte-écran en laque du Japon, fond noir à rehauts d'or.

273 — Petit cabinet plaqué d'ivoire sculpté, représentant des scènes de l'histoire d'Adam et d'Ève.

274 — Grande et belle pagode ancienne en bois sculpté et doré laqué d'or et de couleur, avec armatures en cuivre. Travail japonais.

275 — Grande et belle statue en bois sculpté et doré. Travail ancien du Japon.

276 — Grande divinité assise en bois sculpté et doré. Travail ancien de Chine.

277 — Statuette de grotesque au gros ventre, en grès japonais.

278 — Deux grands groupes de saints en bois sculpté. XVIIe siècle.

279 — Grille de foyer, forme paravent, en fer forgé. Style Renaissance.

280 — Deux grands landiers avec pelles et pincettes en fer. XVIe siècle.

281 — Grand brûle-parfums en bronze ancien du Japon. travail partie à jour. à couvercle dômé : dessin paysage et animaux.

282 — Petite table desserte forme Louis XV.

283 — Statuette en terre cuite : la *Jeanne*. par Grévin et Beer.

284 — Quatre éventails anciens.

285 — Deux assiettes en vieux Chine, famille rose.

286 — Deux plats de Kanga, polychrome et or.

287 — Quatre petites tasses et soucoupes en vieux Chine, à figures.

288 — Groupe d'enfants en biscuit : la Bascule.

289 — Groupe de deux figures en biscuit.

290 — Vase en faïence, décor paysage et guirlandes.

291 — Quatre petites bouteilles du Japon, décor bleu laqué or.

292 — Groupe de deux figures en ivoire japonais.

293 — Vase en ivoire sculpté : paysage chinois avec nombreuses figures.

294 — Statuette de Vénus debout en ivoire.

295 — Groupe de Saxe : Nymphe, Satyre et petit Faune.

296 — Groupe de cinq figures en porcelaine : Scène de festin avec personnages en costumes Louis XVI.

297 — Bouteille de Saxe, décor fleurs en relief.

298 — Théière de Chine, décor armoiries et fleurs.

299 — Petite jardinière en émail cloisonné du Japon.

300 — Petite bouteille en céladon bleu turquoise.

301 — Vase en cuivre gravé et doré de l'Inde.

302 — Petite colonnette en marbre, surmontée d'une figurine.

303 — Deux pantoufles en faïence, décor polychrome.

304 — Beau pupitre de lutrin en fer forgé. Époque Louis XIII.

305 — Deux chimères en bronze ancien du Japon.

306 — Paire de vases en porcelaine de Chine, décor à figures de guerriers et cavaliers.

307 — Deux supports à étagère en bois sculpté et incrusté de nacre. Travail chinois.

308 — Tabouret forme baril, de Chine, décor bleu sur blanc.

309 — Deux appliques à cinq lumières, en fer forgé, système à gaz.

310 — Bandeau de cheminée en velours rouge orné de broderies, XVIe siècle, fond d'or et d'argent, représentant des groupes et des figures de saints et de saintes.

311 — Deux hallebardes anciennes.

312 — Deux tabourets-supports en bois de fer sculpté de Chine.

313 — Deux jolis groupes de personnages en bronze à patine polychrome, rehaussés d'or et d'argent. Travail japonais.

314 — Joli bateau avec personnages en bronze, patine polychrome argentée et dorée. Travail japonais.

315 — Deux petits brûle-parfums en filigrane doré et émaillé. Travail du Tonkin.

316 — Quatre pommes de canne en bronze japonais.

317 — Brûle-parfums forme sphérique, argenté et cuivré, dessin gravé avec figure de Chinoise assise sur le couvercle.

318 — Quatre petites jardinières japonaises décorées de ceps de vigne.

319 — Deux petits brûle-parfums en bronze, décor en relief du Japon.

320 — Gros vase en faïence italienne, décor à écussons.

321 — Deux gros vases en faïence italienne, décor à paysages.

322 — Deux bouteilles en faïence italienne, décor à feuillages et inscriptions.

323 — Très grand lustre en fer forgé à douze lumières, modèle à rinceaux orné d'arabesques. Style XVIe siècle.

324 — Deux lustres à quatre lumières en fer. Style XVIe siècle.

325 — Belle statue en marbre : Vénus de Milo.

326 — Paire de vases en ancienne porcelaine de Chine gris craquelé fin, montés en bronze doré, avec anses à feuillages. Style Louis XVI.

SALLE A MANGER

327 — Suite de quatre panneaux en ancienne tapisserie d'Aubusson, représentant des scènes champêtres à petits personnages.

328 — Cinq panneaux en ancienne tapisserie dite verdure, avec volatiles.

329 — Deux grandes portières en ancienne tapisserie verdure, avec bordures à fleurs.

330 — Portière en ancienne tapisserie verdure, avec volatiles.

331 — Portière en ancienne tapisserie, représentant des animaux dans des paysages, avec monuments en ruines.

332 — Deux grands rideaux en étoffe tissée métallique, bordés de peluche bleue.

333 — Deux châssis de croisées ornés de dix vitraux anciens à sujets.

334 — Grande table rectangulaire avec piètement à colonnes en bois sculpté. Style Renaissance.

335 — Très belle crédence en bois sculpté du commencement du XVIe siècle, s'ouvrant à deux battants, offrant au milieu, se détachant en haut-relief, des bustes de seigneur et de châtelaine en costume de l'époque, sur un cartouche à ornements, guirlandes de fruits, mufles de lions et masques de personnages. Le montant du milieu et ceux des côtés présentent des pilastres se terminant par des torches enflammées et ornés de feuillages. Au-dessous de chaque battant, un tiroir avec tirants à têtes chimériques; les profils offrent des perspectives monumentales. Meuble intéressant par son architecture et sa conservation. Posé sur un socle en velours rouge.

336 — Beau bahut à hauteur d'appui en noyer sculpté, s'ouvrant à deux portes offrant en bas-relief, sur des cartouches raphaélesques, des armoiries. Les montants présentent des pilastres cannelés, les profils sont sculptés dans le même goût que la façade. Style Renaissance.

337 — Six chaises à dossiers carrés en noyer, couvertes en cuir; dossiers cloutés. Style Renaissance.

338 — Deux chaises à hauts dossiers à fuseaux.

339 — Deux chaises basses à hauts dossiers renversés, en cuir repoussé et armorié.

340 — Grand meuble-dressoir et fontaine avec armoire à l'extrémité en bois sculpté. Époque Louis XIII.

341-342 — Deux panetières en bois sculpté. Époque Louis XV.

343 — Pétrin en bois sculpté. Époque Louis XV.

344 — Desserte carrée en bois. Époque Louis XIII.

345 — Buffet à deux corps en bois sculpté. Époque Louis XV.

346 — Deux bahuts d'appui en bois de violette, bois noir et chêne ; dessus de marbre, moulures en cuivre.

347 — Petit meuble d'encoignure et d'applique en bois sculpté. Époque Louis XV.

348 — Vase-rouleau en vieux Chine, famille verte, décor à personnages jouant de la musique ; partie rehaussée d'or. Sur socle en bois sculpté à jour.

349 — Vase en vieux Chine, famille verte, décor représentant des personnages à la fenêtre d'un palais ; d'autres, se livrant à des travaux domestiques, et, d'un autre côté, représentant un cortège de cavaliers dans un paysage.

350 — Deux belles bouteilles à panses sphériques, en porcelaine de Chine, fond bleu barbot, avec paysages, fleurs de pêcher et oiseaux en grisaille et rouge de fer. Qualité rare.

351 — Vase cylindrique en vieux Chine, décoré de poissons en polychrome.

352 — Cartel en bronze doré, style Louis XV, représentant le Triomphe de Flore, des Amours dans les nuages, au milieu de rocailles.

353 — Potiche en faïence de Castel-Durante, décorée de bustes de personnages, de palmes et de fleurs sur fond bleu. XVIe siècle.

354 — Paire de belles lampes formées de vases, en émail cloisonné de Chine fond bleu turquoise, avec fleurs et oiseaux en couleur ; montures en bronze doré dans le goût chinois.

355 — Groupe en terre cuite : *Enlèvement d'une nymphe par un triton*, de Carrier-Belleuse.

356 — Grande soupière en étain, à guirlandes et festons. Époque Louis XVI.

357 — Service à thé de Saxe, décor à figures et paysages.

358 — Trois plaques en faïence de Marseille, décor à paysages et marines.

359 — Deux grands verres gravés d'Allemagne.

360 — Chope en étain.

361 — Paire de vases en bronze japonais, ornés d'incrustations à fleurs et oiseaux.

362 — Deux bouteilles en verre gravé d'Allemagne.

363 — Soupière de Moustiers, décor jaune.

364 — Huilier de Moustiers, décor jaune.

365 — Soupière de Mayence, décor fleurs et armoiries.

366 — Deux potiches avec couvercles, de Chine, décor bleu sur blanc.

367 — Six plats carrés du Japon, décor polychrome.

368 — Deux statuettes : Paysans, en bois sculpté et peint.

369 — Biche en bois sculpté et peint.

370 — Deux plateaux carrés de Nevers, décor bleu.

371 — Trois pichets en étain gravé, avec inscriptions et dates.

372 — Plat en étain avec inscription hébraïque gravée.

373 — Deux grands flacons de Chine, décor à personnages, genre famille verte.

374 — Deux bouteilles de Chine au dragon, fond jaune.

375 — Écuelle avec couvercle et plateau en terre d'Avignon, forme Louis XV.

376 — Ménagère en blanc de Cronenburg.

377 — Huilier de Rouen, décor polychrome.

378 — Écuelle avec couvercle et plateau, décor à fleurs et armoiries.

379 — Deux vases cylindriques de Chine, fond rose, décor en relief en émaux de couleur.

380 — Service à thé en porcelaine bleue du Japon.

381 — Deux plateaux en laque du Japon.

382 — Cinq assiettes de Strasbourg, à la rose.

383 — Douze assiettes de Saxe, bordure à jour.

384 — Cinq pièces : plats et saladiers en faïences diverses.

385 — Deux grands landiers avec crémaillère et traverse en fer. XVIe siècle.

386 — Plat à barbe du Japon, polychrome.

387 — Plat en faïence italienne.

ESCALIER INTÉRIEUR DU HALL

388 — Petite horloge en bois sculpté, avec mouvement, à cadran multiple.

389 — Quatorze statuettes et groupes en bois sculpté, personnages du Nouveau Testament. XVIe et XVIIe siècles. (Seront vendus par deux ou isolément.)

390 — Trois grandes statuettes en bois sculpté : Saints et Saintes. XVIIe siècle.

DEUXIÈME ETAGE

GALERIE, LOGGIA

391 — Draperies, tentures et portières en étoffe fond clair, brochée à fleurs, garnie de franges doublées de serge rouge.

392 — Décoration de loggia composée de deux rideaux, d'un bandeau brocatelle à dessin rouge, bordés de galons et de franges assortis, doublés de panne.

393 — Deux miroirs médaillons vénitiens, dessin gravé et filigrané.

394 — Joli chiffonnier en ancienne laque de Coromandel, décoré de jardinières, de charrettes et de vases fleuris, avec montants à colonnes détachées et cannelées ; dessus en marbre brèche de Sicile, forme Louis XVI.

395 — Secrétaire s'ouvrant à deux portes dans le bas, en bois rose et marqueterie, garni de bronze ; dessus en marbre blanc. Époque Louis XVI.

396 — Petit bureau bonheur du jour en acajou, garni de cuivre, avec glace biseautée sur chaque porte ; dessus en marbre blanc. Style Louis XVI.

397 — Petite commode, forme demi-lune, en bois rose et palissandre, ornée de bronzes dorés ; dessus en marbre blanc. Époque Louis XVI.

398 — Deux colonnes cannelées en acajou et cuivre. Style Louis XVI.

399 — Cinq chaises légères en noyer sculpté, couvertes en soierie brochée. Style Louis XVI.

400 — Deux vases de Chine, genre famille verte, fond vert, à médaillons de fleurs.

401 — Deux vases en bronze japonais, ornés d'incrustations, fleurs et oiseaux.

402 — Deux porte-bouquets en céladon, forme gourdes.

403 — Paire d'appliques à une lumière, en cuivre repoussé et argenté. Louis XV.

404 — Deux portes en fer forgé. Style Renaissance.

405 — Petit cartel en bronze doré, de style Louis XV, représentant le Triomphe de l'Amour précédé par des colombes, sur un fond à rocailles.

PREMIÈRE CHAMBRE A COUCHER

406 — Très belle tenture murale en ancien velours de Gênes à fond d'or, dessin de rinceaux fleuris encadrant des motifs variés : grenade et armoiries à couronne princière, ton grenat. Les panneaux sont encadrés de champs de peluche rouge séparés par de grosses chenilles de laine grenat et bouton d'or.

407 — Portière double en velours de Gênes pareil à la tenture et encadrée de peluche rouge avec embrasses et glands.

408 — Petite portière simple analogue à la précédente.

409 — Deux paires de rideaux de croisées à l'italienne, composées chacune d'un grand rideau en velours de Gênes pareil à la tenture, avec encadrement de peluche rouge, et d'un petit rideau en peluche de même ton.

410 — Belle tapisserie tissée de soie et d'or représentant, dans un motif d'architecture, les armes de la maison de Médicis et formant le motif central du plafond de la chambre à coucher.

411 — Champ d'étoffe de laine grenat, encadré d'une bande de même étoffe et d'une autre bande de peluche rouge avec de grosses chenilles de laine grenat et bouton d'or, complétant la décoration dudit plafond.

412 — Deux bandeaux de fenêtres en velours de Gênes

ancien, fond bouton d'or à ornements de fleurs, offrant une grande analogie avec le motif de la tenture; ils sont surmontés de chenilles pareilles à celles de la tenture et se terminent par des galons anciens de soie jaune avec franges à mèches.

413 — Tapis de moquette couvrant la pièce, dessin à palmes couleur mousse, ton sur ton. Superficie, 35 mètres environ.

414 — Beau lit de milieu, partie en bois de noyer mouluré, partie en ancien fer forgé. Le fond, en bois de noyer à compartiments, est surmonté d'un fronton composé de délicats enroulements de feuillages et de fleurs en fer forgé entourant un cartouche ovale de fer forgé qui porte en relief le mot : TACE. Quatre colonnes de fer forgé tordu à la partie inférieure, fuselé à la partie supérieure, supportent le dais. Le devant est composé de six colonnettes en fer ancien forgé analogues aux quatre colonnes. Le dais est formé d'un ciel de lit en peluche rouge d'où pend un fond semblable derrière le fronton, de trois pentes intérieures de peluche pareille et de trois pentes extérieures en ancien velours de Gênes à fond rose à petits dessins avec rehauts de velours et de soie crème, le tout garni de franges anciennes à grilles rouges et bouton d'or terminant les pentes et accompagnant le bas du lit. Quatre panaches d'ancienne passementerie de soie, rouge foncé et bouton d'or, couronnent les quatre angles du dais. Six rideaux d'ancien velours de Gênes à grands dessins de fleurs sur fond bouton d'or, encadrés de peluche rouge avec franges et embrasses, complètent la tenture du lit.

415 — Couvre-pieds à raies verticales tricotées en chenille de peluche rouge, jaune, bleue, grise et marron, encadré de peluche rouge avec franges, orné de quatre chiffres AM, en velours noir découpé et brodé de soie garnissant les angles, doublé de satin vert mousse piqué.

416 — Pouf carré composé de deux coussins simulés l'un sur l'autre, en peluche vert mousse avec carré de tapisserie au point : scène villageoise encadrée d'ornements et de fleurs sur fond noir avec franges multicolores.

417 — Petit fauteuil à pieds forme d'X, entièrement recouvert en velours violet avec gros clous et boules de cuivre. Style de la fin du XVe siècle.

418 — Petite chaise ancienne à pieds tors, siège et dossier recouverts en ancien brocart fond mauve, broché de fleurs d'argent et de soie, galons et franges d'argent ; clous dorés. Époque Henri II.

419 — Petit canapé à deux places, style Louis XIII, à pieds tors avec deux croisillons ; siège, dossier et côtés tant intérieurs qu'extérieurs couverts en tapisserie au point, dessin d'ornements avec figure de femme à cheval escortée de deux pages, au petit point, au centre du dossier, et oiseaux au centre du siège. Style Louis XIV.

420 — Deux chaises à pieds tors avec croisillon, couvertes de tapisserie au point. Travail analogue à celui du canapé.

421 - Grand fauteuil d'époque Louis XIII, pieds et bras

tors, garni de tapisserie ancienne au point à fond noir avec arbres et fleurs.

422 — Grande chaise longue, lit de repos en bois sculpté, dans le style de Louis XIV, supportée par six pieds de biche ornés de draperies et réunis par des croisillons. Ceinture à coquilles, oves et branches de laurier; dossier et bras analogues. Le tout est couvert d'une ancienne tapisserie au point et au petit point de l'époque de Louis XIV, à fond noir avec ornements, rinceaux, fleurs et petits personnages, encadrée de bandes de panne violette. Manchettes et bordure du dossier en imitation de tapisserie. Traversin en ancienne tapisserie au point allant avec le lit de repos.

423 — Grand coussin couvert en velours de Gênes pareil à la tenture de la pièce, avec petite frange rouge et or.

424 — Deux chandeliers d'église en bois sculpté, du modèle déjà signalé dans le vestibule et au palier du premier étage. Ils sont comme ces derniers supportés par des socles triangulaires couverts de peluche rouge semée de fleurs de lis de cuivre, avec draperies de peluche vert mousse.

425 — Coffret de mariage en bois de santal gravé et sculpté, supporté par quatre pieds tors réunis par un croisillon, pourtour gravé de rinceaux avec figures d'anges. Intérieur divisé en plusieurs compartiments et ornés de gravures rehaussées de noir représentant des figures allégoriques, une grande vue de ville, des rinceaux, etc.

Anciennes poignées extérieures en fer forgé. Travail du XVIIe siècle.

426 — Grande cheminée en bois sculpté, formée de deux cariatides-appliques, figures de femmes se terminant en gaines et soutenant la tablette au-dessous de laquelle on voit un bas-relief représentant, dans des compartiments séparés par des colonnettes fleuries, cinq figures d'apôtres. Grand parquet au-dessus de la cheminée encadrant un portrait. Ce parquet est composé de deux colonnes à base ornée de rinceaux de feuillages, à fût cannelé et à chapiteau corinthien qui soutiennent un entablement à oves supporté par une corniche à godrons. Deux bas-reliefs forment la base du parquet; le premier, analogue à celui qui forme le bandeau sous la tablette, représente quatre figures d'apôtres, séparées par des colonnes fleuries; le second est composé de compartiments offrant trois scènes de l'histoire d'Adam et d'Ève.

427 — Portrait de femme enchâssé dans le trumeau de la cheminée. Peinture de l'époque de Louis XIV représentant une dame de qualité de l'époque en costume du temps.

428 — Miroir biseauté avec cadre à fronton garni de cuivre doré.

429 — Grand vase étrusque de forme *œnochoé*, à anses en forme de serpents s'enroulant autour de quatre médaillons de femme en relief. Une des faces de la panse est ornée d'une figure de femme assise sous un por-

tique qu'un homme et une femme entourent de chaque côté; l'autre face de la panse présente l'image d'une femme vêtue de long et d'un génie ailé tenant chacun un miroir à la main et entourant une colonne. Des grecques et des rinceaux, ainsi qu'un buste de femme coupé, ornent les flancs, le pourtour et la gorge du vase. Belle conservation.

430 — Autre vase étrusque formant pendant au premier. Une des faces de la panse représente une femme nue assise dans un cadre en forme de double carré. L'autre, un homme et une femme vêtus de long et drapés, tenant chacun une couronne et supportant une sorte de figure géométrique. Buste ailé et coupé sur une des faces de la gorge du vase. Feuilles de lierre et rinceaux décorant le reste des surfaces. Belle conservation.

431 — Paire de socles cylindriques en marbre blanc, avec embases carrées de marbres d'autres couleurs.

432 — Jolie pendule monument en bois noir, ornée de bronzes dorés. Louis XIV.

433 — Petit socle cylindrique en marbre blanc, sur embase carrée de marbre rouge.

434 — Grand meuble cabinet-secrétaire en marqueterie de bois incrusté de nacre et d'ivoire; le bas formant commode s'ouvrant à quatre grands tiroirs; la partie intermédiaire ouvrant à battant, en forme de secrétaire; le haut ouvrant à deux vantaux à double fond cintré, cou-

ronné de trois boules, avec cassette intérieure, coffret, secrets, planchettes, etc., et vingt tiroirs petits et moyens. Beau travail vénitien du XVIIe siècle.

435 — Tabouret oriental octogone en bois découpé, incrusté de nacre et d'ivoire.

436 — Bahut en noyer sculpté, dans le goût de la Renaissance. Le corps principal soutenu par quatre colonnettes avec tête d'ange sculptée au centre de la ceinture qui offre trois tiroirs ; au fond, en bas-relief, un cygne. Les portes à deux vantaux, flanqués de chaque côté de deux colonnettes, sont décorées chacune d'une figure allégorique en bas-relief : Léda, au panneau de gauche ; Diane, à celui de droite ; au-dessous de la corniche d'entablement, deux figures de sphinx. Ornementation de marbre vert aux tiroirs et au centre de la corniche.

437 — Grand meuble à deux corps en marqueterie de bois et sculpté. La partie inférieure à deux larges tiroirs, l'autre ouvrant par deux larges vantaux que divisent et accompagnent trois colonnes. Au centre de chacun des vantaux, petit portique à deux colonnes, avec niche, couronné et soutenu par des volutes d'ornement et un mascaron en bois sculpté. Grande corniche d'entablement à fort relief mouluré, soutenue par les trois grandes colonnes. Grandes et belles ferrures intérieures, doubles entrées et ancienne serrure à trois pènes, en fer ouvragé et gravé. Travail allemand du XVIIe siècle.

438 — Grande statuette en bois sculpté ancienne, représen-

tant un jeune guerrier, tête nue, les cheveux longs, en armure, la main sur la garde de son épée. Fin du xve siècle.

439 — Groupe en bois sculpté : la Vierge debout tenant sur son bras droit l'Enfant Jésus nu, et sur le bras gauche une jeune fille vêtue de long, les cheveux épars sous un bonnet, la main gauche tendue. xviie siècle.

440 — Statuette ancienne de jeune fille en bois sculpté, vêtue d'un costume asiatique, les cheveux relevés, tenant de la main droite un poignard. xvie siècle.

441 — Statuette ancienne, en bois sculpté, de saint personnage, les cheveux longs et frisés, en robe et manteau drapé, les pieds nus, et soutenant un livre de ses deux mains croisées. xviie siècle.

442 — Balustrade composée de colonnettes-balustres en bois tourné, avec base, main courante et supports pour statuettes. Dans le goût de la fin de la Renaissance.

443 — Paire de vases en porcelaine de Chine, genre famille verte : paysages et scènes d'intérieur.

444 — Paire de bras-appliques en fer forgé à rinceaux, à une lumière, disposés pour le gaz. Style de la fin du xvie siècle.

445 — Petit lustre en fer poli, à quatre lumières, disposé pour le gaz. Style gothique.

446 — Fenêtre à deux vantaux, à fond en verre dépoli, enchâssant quatorze petits vitraux anciens ronds ou ovales.

447 — Autre fenêtre enchâssant vingt-quatre petits vitraux anciens, pour la plupart, de forme ronde, ovale ou oblongue.

CABINET DE TOILETTE A LA SUITE

448 — Trois petits vitraux anciens, de forme oblongue, représentant des scènes de tournois.

ATELIER

449 — Suite de sept belles tapisseries à sujets allégoriques et historiques. Compositions à nombreux personnages du XVIIe siècle. (Peuvent être vendues séparément.)

450 — École française. Les Ouailles du Père Philippe.

451 — École ancienne. L'Age d'Or, composition de nombreuses figures.

452 — Magnifique bureau plat en bois de violette, richement garni de bronzes ciselés et dorés avec mascarons aux extrémités, cariatides de femmes d'après Leprince, formant des chutes et griffes de lions feuillagées, dessinant les sabots; dessus en cuir rouge doré au petit fer, enca-

dré d'une moulure de bronze à doucine, avec bordure à canaux et écoinçons à coquilles feuillagées. Style Régence.

453 — Belle commode de forme cintrée, en bois rose satiné, ornée de marqueterie de même bois, de ton ambré, garnie de bronzes dorés rocailles et soleil, indiquant la provenance de châteaux royaux. Dessus en marbre fleuri à moulures et filets suivant les contours du meuble. Époque Régence.

454 — Grande commode de forme ventrue, en marqueterie de bois rose et palissandre, garnie de bronzes dorés, rocailles et guirlandes de vigne, avec entrées de serrures en forme de soleil. Dessus en marbre gris d'Égypte suivant les contours du meuble. Époque Louis XV.

455 — Beau meuble à deux corps d'aspect architectural, en noyer sculpté, s'ouvrant à deux battants dans le haut, et dans le bas offrant des médaillons à figures de Minerve, de la Justice, et des mascarons ; montants à colonnettes détachées avec chapiteaux enguirlandés de lauriers soutenant la corniche à angles saillants au milieu de laquelle se détache sur une console un aigle aux ailes déployées. L'intérieur du meuble est garni d'étoffe verte quadrillé de galons jaunes avec tablettes bordées de franges. Bel état de conservation. XVIe siècle.

456 — Crédence gothique en bois sculpté, avec panneaux et frises, dessin à ogives fleuronnées et à jour.

457 — Crédence de style XVIe siècle, avec fronton en retrait

formant dressoir, offrant en bas-relief un sujet de chasse, des bustes de personnages et des animaux fantastiques, couronnés par des lions héraldiques.

458 — Joli petit meuble à deux corps en bois sculpté, s'ouvrant à une porte et à un tiroir ; supporté par des colonnettes cannelées surmontées de chapiteaux, offrant au centre un cartouche à mascarons ; dans le bas, des frises à guirlandes et draperies, et, au fronton, un écusson porté par deux tritons ailés. Style XVIe siècle.

459 — Grand divan avec coussins, couvert en étoffe fond rouge broché à fleurs jaunes.

460 — Joli petit bureau tout en marqueterie de bois de luxe, décor à fleurs et ornements avec rangées de tiroirs superposés sur les côtés ; intérieur à réserve avec tiroirs. Époque Louis XVI.

461 — Deux fauteuils couverts en ancienne broderie d'argent et de soie, sur fond de satin rouge avec rampe en peluche.

462 — Deux chaises chauffeuses, couvertes en étoffe fond rose broché, avec rampe en peluche rouge.

463 — Chaise basse couverte en satin broché capitonné, encadrée de peluche rouge.

464 — Pouf couvert en ancienne broderie d'Orient et velours rouge.

465 — Grand et beau buste représentant le *Baron Gros*. Bronze à patine brune fondu creux à cire perdue, de DE BAY. Signé et daté 1836. Sur fût de colonne couvert de velours noir.

466 — Deux châssis de croisée ornés de dix vitraux anciens.

467 — Groupe équestre en bronze.

468 — Deux beaux flambeaux en bronze doré ; groupes de cariatides et ornements. Style Louis XIV.

469 — Deux statuettes en bronze : Voltaire et Rousseau.

470 à 472 — Diverses pièces de Chine : vases, figurines et chimères.

473 — Petit pupitre en fer. XVIIe siècle.

474 — Casier à cartons en noyer.

475 — Petit cabinet en bois de noyer renfermé dans une caisse en fer gravé du XVIe siècle.

476 — Coffret à bijoux recouvert et monté de fer doré. XVIe siècle.

477 — Tapis fond orange à médaillons de fleurs, couvrant l'atelier.

478 — Bel orgue sur table en marqueterie.

479 — Écran en bois sculpté, garni d'étoffe brochée, dessin à fleurs. Style Louis XIV.

480 — Pupitre tenant à une applique en fer. Style XVIe siècle.

481 — Table de fumeur avec ses accessoires.

482 — Deux fauteuils à hauts dossiers et cinq chaises en bois sculpté, foncés de canne. Style XVIe siècle.

483 — Deux figures d'appliques : saintes portant l'ostensoir et la châsse. XVIIe siècle.

484 — Buste-reliquaire de moine, en bois sculpté sur console. XVIe siècle.

485 — Deux groupes d'appliques en bois sculpté : femmes et dauphins. XVIe siècle.

486 — Bas-relief de trois figures : le Christ et deux disciples ; bois sculpté. XVIIe siècle.

487 — Bas-relief de trois figures : la Vierge en prière et deux guerriers. XVIIe siècle.

488 — Bas-relief : la Vierge en prière et le Christ ; bois sculpté du XVIIe siècle.

489 — Deux chevalets.

490 — Grande fontaine en cuivre repoussé. Louis XIII.

491 — Deux hauts-reliefs : scènes du Nouveau Testament. XVIIe siècle.

492 — Deux bustes de reines, bois sculpté, formant reliquaires. XVIe siècle.

493 — Table en noyer, pieds à colonnes, entrejambes à rayons pour supporter des cartons. Style XVIe siècle.

494 — Coupe côtelée en faïence de Nove, décor à fleurs, rinceaux et oiseaux.

495 — Pièce de surtout en faïence italienne, coquilles supportées par des tritons et des sirènes.

DEUXIÈME CHAMBRE A COUCHER

496 — Tenture murale flottante et décoration de fenêtre composées de dix tapisseries anciennes dites *verdures*, animées d'oiseaux et volatiles de toutes sortes aux bords de lacs, de rivières ou dans des parcs, avec vues de paysages accidentés en perspective, végétation fleurie en couleur. Bordures à guirlandes de fleurs, de fruits et de feuillages. (Sera divisé.)

497 — Beau lit de milieu, à colonnes cannelées supportant le baldaquin, en bois sculpté. Le fond, divisé par compartiments, offre des masques de grotesques sur des cartouches composés d'ornements et de fruits. Couronné par un fronton représentant, dans un médaillon, une allégorie à l'Automne encadrée de cornes d'abondance,

de guirlandes de fleurs et surmontée d'un masque autour duquel festonnent des banderoles avec inscriptions. Le baldaquin, à l'intérieur comme autour, est tout en ancienne tapisserie verdure et guirlandes de fleurs. L'intérieur des bandeaux est doublé d'ancien velours vénitien fond rouge à dessins d'or. Le devant du lit présente un cartouche avec masque drapé et des suites d'ornements. Aux angles se détachent des têtes de satyres. Le bas, tout autour, offre une suite de canaux entrecoupés de godrons. Quatre accotoirs s'élèvent sur les côtés, au pied et à la tête. Le lit est supporté par quatre gros pilastres sphériques. Travail, en majeure partie, du XVIe siècle.

498 — Couvre-lit en brocart fond gris-argent, dessin grands bouquets de fleurs.

499 — Secrétaire-bahut en bois sculpté, offrant sur les vantaux des compositions raphaëlesques et, comme montants, des personnages debout et des cariatides de lions. Style Renaissance.

500 — Dressoir à étagère en bois sculpté, fond divisé par compartiments à draperies avec colonnettes à dessins tors. Style XVIe siècle.

501 — Huit chaises à dossier carré, couvertes en velours rouge, garnies de clous de cuivre et de franges Henri II.

502 — Écran en ancienne tapisserie à petits personnages de la Renaissance, encadrée de peluche bleue.

503 — Dessus de cheminée en panne rouge, avec bandeaux en ancienne tapisserie à fleurs et tête de chérubin.

504 — Bandeau de fenêtre en ancienne tapisserie à fleurs.

505 — Cadre de glace et bandeau en velours rouge frappé, garnis de galons et de franges dorées. Style XVIe siècle.

506 — Deux paires de portières flottantes en velours rouge frappé à petit dessin.

507 — Grand divan avec quatre coussins recouverts d'ancienne broderie d'Orient sur fond de fil de lin, encadrée de panne rouge.

508 — Table à pieds tors, avec croisillon en marqueterie de bois et palissandre, ornée d'incrustations d'ivoire. Époque Louis XIII.

509 — Petit tapis en ancien brocart crème broché d'argent, dessin à fleurs.

510 — Deux chenets en bronze doré représentant des sphinx sur socle à ornements Louis XIV.

511 — Deux appliques à deux lumières en bronze doré, modèle à draperie Louis XVI.

512 — Pendule-monument en bronze ciselé et doré, flanquée de quatre cariatides de sphinx aux angles, avec aigle prenant son vol et tenant une couronne de lauriers dans son bec, sur le devant, couronnée par une figure allégorique de fleuve. Époque premier Empire.

513 — Paire de girandoles à trois lumières en bronze ciselé et argenté. Style Louis XVI.

514 — Brasero en cuivre rouge.

515 — Potiche de Delft, décor bleu sur blanc.

516 — Groupe en terre cuite : Satyre et petit satyre, d'après *Clodion*.

517 — Deux porte-bouquets forme poissons accouplés, en porcelaine, décor polychrome, montés en bronze.

518 — Lanterne en cuivre partie poli. XVIIIe siècle.

519 — Boîte ovale en ancienne laque de Perse, décor représentant le Harem du Schah et des sujets de chasse.

ESCALIERS INTÉRIEURS ET PIÈCES DIVERSES

520 — Nombreuses tapisseries verdures et à personnages. (Seront vendues séparément.)

521 — Nombreux tapis d'Orient anciens. (Seront vendus séparément.)

522 — *Carrier-Belleuse* (Louis). Vue du port de Boulogne.

523 — *Hawkins*. Deux beaux dessins, sujets champêtres.

524 — Tableaux et objets divers de curiosité ou de décoration.

525 — Meubles anciens et modernes non catalogués.

ENTRÉE CONDUISANT AUX ÉCURIES ET REMISES

526 — Trois colonnes monumentales surmontées de chapiteaux en bois sculpté. XVIIe siècle.

527 — *Primatice* (École du). Diane et les nymphes surprises par Actéon.

528 — Deux grandes statuettes d'anges assis et drapés, du XVIIe siècle, en bois sculpté.

529 — Deux lampadaires d'appliques, avec lampes.

530 — Bas-relief en plâtre : *l'Automne.*

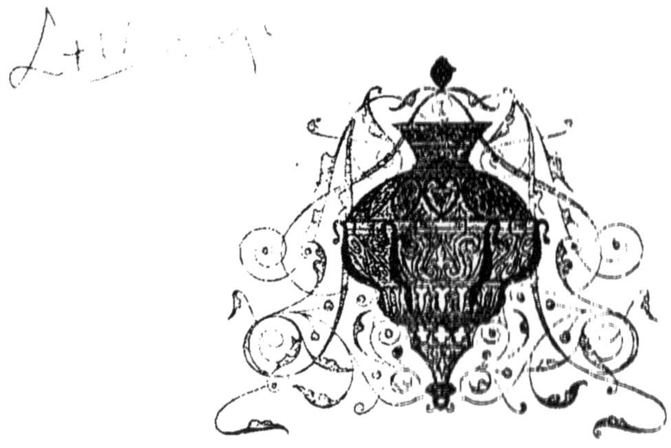

www.ingramcontent.com/pod-product-compliance
Ingram Content Group UK Ltd.
Pitfield, Milton Keynes, MK11 3LW, UK
UKHW022132260726
13993UKWH00003B/1394

9 782329 521282